www.ingramcontent.com/pod-product-compliance
Lightning Source LLC
Chambersburg PA
CBHW070420220526
45466CB00004B/1486
* 9 7 8 1 6 5 5 5 1 4 5 4 8 *

ISBN 9781655514548

9 781655 514548

90000